수목원에 비가 내리면

수목원에 비가 내리면

김명수 시집

인쇄일 | 2025년 05월 07일
발행일 | 2025년 07월 10일

지은이 | 김명수
펴낸이 | 김영빈
펴낸곳 | 도서출판 시아북(詩芽Book)

출판등록 | 2018년 3월 30일
주소 | 대전광역시 동구 선화로214번길 21(3F)
전화 | (042) 254-9966
팩스 | (042) 221-3545
E-mail | siab9966@daum.net

값 12,000원

ISBN 979-11-94392-29-3(03810)

* 저자와의 협의에 의해 인지를 생략합니다.
* 잘못된 책은 바꿔드립니다.

수목원에 비가 내리면

김명수 시집

머리글

아름다운 꽃 한 송이 피우는 심정으로

봄이 되면 마음이 설렌다.
 맨 땅에서, 겨울나무에서 새로운 싹이 예쁘게 솟아나기 때문이다.
 그 어두운 계절, 암흑의 세계에서 얼마나 힘든 시간을 보냈던가.
 그들은 용케도 견뎌 내고 예쁘게 아주 곱게 사랑스럽게 새로운 싹을 틔우고
 우리들에게 희망을 주고 용기를 주고 삶의 의욕을 준다.

그 사람이 가고 오랜 시간 멘붕 속에서 멍하니 있었다. 그리고 얼마 후 『아름다웠다』의 선물을 받았다. 그리고 그동안 모아 두었던 시들을 정리해서 다시 세상에 내놓는다. 누가 뭐라 하던 이 애들은 모두 나의 사랑하는 애들이다. 조금 부족하면 부족한 대로 시간을 가지고 보완할 거다. 그러나 이 아이들을 만날 때 나는 새로웠고 행복했고 또 그래도 살 맛이 났다. 오로지 이 애들이 나의 사랑하는 친구이고 아이들이기 때문이다.

내가 혼자 버티고 잘 살아 가는 이유는 그래도 이 애들이 있기 때문이다. 눈뜨면 만나고 길을 걸어도 만나고 차를 타고 가도 만난다. 언제 어디든 24시간 곁에 있어주는 것이 너무 사랑스럽다. 내 유일한 피난처이고 놀이 친구이다.

　늘 나와 함께 하는 것에 감사한다
　늘 나와 함께 하기에 행복하다
　늘 나와 함께 하기에 고마울 뿐이다

　다음에 만날 친구들을 기대한다.

2025년 05월

김명수

머리글 004

1부
봄비 내리다

꽃잎 한 장 013
봄비 014
그대 015
봄빛 016
성주사지 018
금산 가는 길 020
향연 022
진해에서 023
산벚꽃 024
반란反亂 026
그리움 028
남한강에서 030
텃밭 032
합장 034
5월 036
가을편지 037
기다림 038
들판에서 040
꿈꾸기 042
유월의 산 043
풀잎에게 044
강가에서 046
눈물 꽃 047

2부
추억 속으로

숲의 비밀　051
둑길에서　052
산을 오르다　054
고백　056
나눔 천사　058
낙엽에게　060
시와 함께　062
겨울비　064
무량사　065
이별　066
겨울나무 1　067
겨울나무 2　068
사랑 시첩 11　070
사랑 시첩 12　071
푸른 계절　072
눈이 내리면　073
수목원에 비가 내리면　074
가을이 오면　076
시를 쓴다는 것은　077

3부
겨울나무에 꽃이 피다

몽환夢幻 081
선운사 082
당신의 비 083
별이 되어 084
잠깐 085
선수암 가는 길 086
사랑은 088
석호리 3 090
운주사 2 092
노을 1 093
노을 2 094
운무雲霧 096
山 1 097
山 2 098
시인의 소망 099
시를 데리고 100
행복 101
나의 詩 102
편지 103
어떤 사랑 104
'엄마'라는 그 이름 105
누나 106
동네 서점 108
눈眼 109
봄비 110

4부
푸른 강물 위에

노을 3   113
망초꽃   114
겨울나무   115
이별   116
그리움   117
내 사랑은   118
그리움 2   119
별을 그리는 아이들   120
봄비   122
어느 봄날의 반란   123
연포   124
편지   126
산수유꽃   128
우금티를 넘으며   129
석화   130
달맞이꽃   131
석호리 3   132
쓸쓸함에 대하여   133

〈해설〉 사랑의 동심원과 자연친화의 정서   137
윤성희(문학평론가)

수목원에 비가 내리면
김명수 시집

1부

봄비 내리다

꽃잎 한 장

노오란 산수유 꽃잎 위에
손님이 왔다
겨우내 눈 속에서 움츠렸던
그 봄빛이다
산뜻한 목소리로 노래 부르고
결고운 꽃잎 위엔
눈부신 햇살 한 줌
꽃잎과 꽃잎 사이
바람이 숨어 있다
꽃술 사이사이 햇살이 가득하다
봄빛과 꽃술이 사랑에 빠졌다

(2017.03.05.)

봄비

봄비가 내립니다
바람을 타고
어둡고 외로웠던 터널을 지나
선홍빛 매화꽃 몽우리 속으로
오늘은 산수유꽃잎 위에
신부처럼 내려앉았습니다
꽃잎이 바람에 날려
하늘에 그림을 그리고
새싹은 봄비 속에 마냥 수줍고

봄비가 옵니다
꽃몽오리진 정수리를
미끄러지듯 내려갑니다
파랗게 돋는 새싹들과
사랑의 포옹을 나누며
내일을 약속합니다
봄의 천사요
봄의 전령사입니다

(2017. 03. 18.)

그대

어느 날은
나비처럼 하늘하늘
꽃잎처럼 살랑살랑
다가오더니
또 어느 날은
봄비처럼
사르르 스며듭니다

그리고 또 어느 날은
하얀 배꽃으로

아, 그리고 오늘은
노오란 민들레꽃으로

다가왔습니다

(2017. 03. 23.)

봄빛

풀냄새 가득한
하소동 옛터*에서 만났다
언 땅을 비집고 올라온
눈부신 초록빛
풋풋한 싱그러움
장작 타는 냄새와 어우러져
듬뿍 취해 있다

저만치 둑방 너머
산비탈을 타고
자분자분 걸어 나온다
돌 지난 우리 아기 춤추듯
요리조리 흔들며 오르는 몸짓

봄빛이 내린다
냉이꽃 제비꽃 위에
사분사분 살금살금
아주 작은 화음을 이루며

아! 저것 좀 봐
기지개를 켜는
봄의 속살들
가슴이 따뜻해진다

* 하소동에 있는 어느 음식점 이름, 샹송과 김광석의 노래를 번갈아 들려
 주고 있었다.

(2019. 04. 25.)

성주사지*

천 년 전 목탁 소리가
주춧돌 위에 누워 있다
승려들이 보이지 않는다
부처님 따라갔는지
풀꽃들만 바람과 놀고 있다

흙 속에서 반쯤 얼굴을 내민
주춧돌 위에
아직도 건재한
천 년 전의 바람과 햇살

한때의 영화로운 자태가
허공 위에 그림처럼 나타나고
배롱나무 붉은 꽃잎 속에
그들만의 역사가 숨어 있다

나무아비타불 관세음보살

* 충남 보령 성주면에 있는 백제시대 절터, 사적 제307호, 삼국유사 권 1에 백제 법왕이 창건한 절이라고 나옴, 처음 오합사로 불렀으나 신라 문성왕(839-859) 때 중국 당나라에서 돌아 온 남혜화상 무염이 가람을 크게 중창 이때부터 성주사라고 바꾸었다고 한다.

(2017.04.10.)

금산 가는 길

산내를 지나
상소동 하소동을 거쳐
플라타너스 나무들이
손에 손을 잡고
병풍처럼 서 있다

파란 나뭇잎들 위에
살랑이는 햇살
바람은 나뭇잎 위에서 춤을 추고
지나는 길손들에게 선물하는
초록빛 피톤치드

다시 다육원을 지나
산흥초등학교 앞
힐링 공원까지
향기로운 풀 냄새
사랑 빛이 가득하다

바람결에 실어 오는
초록빛 향기

꿈과 사랑의 길
마음 치유의 길
사랑의 길
산내에서 금산 가는 프라타너스 길

(2017.04.25.)

향연

매화 꽃잎 지는 소리
서럽다 했더니
산수유 꽃망울 터지는 소리
사랑스럽다

바람에 여울지는 꽃잎들의 코러스
머리를 흔드는 냉이꽃의 작은 반란
달빛에 사르르 안기는
봄꽃의 향연

아무도 모르는 사이
봄빛은 사알짝 겨울 능선을 넘고
춘설 속의 노오란 복수초
산비탈에 하얀 바람꽃
아직은 서로 수줍다
지난겨울의 설움들이
꽃망울 속으로 모인다

(2017.03.29.)

진해에서

진해 앞바다에 벚꽃이 피었다
파도가 몰려올 때마다
춤을 추는 꽃잎들
바다를 적시는 꽃잎의 향기
벚꽃 향기 속에 취한다

해마다 벚꽃이 진해를 물들인다
벚꽃으로 수놓고
벚꽃이 말하고
벚꽃이 춤추고
벚꽃이 노래한다

노래하는 동안
바다가 꽃잎에 젖는다
해마다 봄이 되면
파도 속에 춤을 추는 벚꽃
진해를 마냥 취하게 한다

(2018.04.08.)

산벚꽃

복사골 산자락에서 만났다
새색시 입술을 닮은
하양 연분홍 꽃잎들

눈부신 떨림
오늘은 눈꽃으로 날리다
바람처럼 날리다
가슴 시리게 날다
자지러지게 날다
향기롭게 날다
하늘에서 내려온 천사의 몸짓

산길을 걷는데
시선이 멎고
환호와 아름다움과 설레임이 엉겨
한바탕 씨름을 하고 나면
온 산을 하얗게 물들이는
눈부신 꽃잎들의 행진

나는 지금도 꿈을 꾼다

(2018.04.20.)

반란 反亂

초록빛 바람을 만났다
봄빛에 흥겨운
미나리 가족
둑 방 밑에, 개울가에
다복이 꽃을 피우다

겨우내 키워 온
냉이 꽃의 숨은 사랑
바람에 날다

잠을 깬 바람이
나뭇가지를 흔들면
비늘처럼 날리는 꽃잎들
그리움의 몸짓이다.

오늘은 민들레 포자가 시집가는 날
흰 구름은 어느새
강물 속에 그림을 그리고
강둑에는 아기 손을 닮은

여린 풀잎들
풀잎 위에 고운 햇살들

작은 풀잎 위에 누운
사랑의 자장가

나도 잠이 든다

(2019.04.05.)

그리움

어느 날
그가 왔습니다
바람에 안겨

오솔길을 지나
산비탈을 타고 오르는
선홍빛 진달래
꽃잎 사이로 오는
새색시 걸음
아기 걸음마로
기우뚱 콩닥
가슴 설레며 옵니다

산수유 꽃잎 위에
봄빛이 누워 있습니다
하얀 수선화 꽃잎 사이
수줍은 봄의 정원에
바람 타고 오셨습니다

꽃잎처럼 풀잎처럼
물안개처럼

(2018.03.25.)

남한강에서
- 전봉건 선생님께

남한강에서
돌 하나 주웠다
맨발로 뒤뚱이며 걷다가 주운
시인의 얼굴 하나
전봉건 시인을 닮았다

돌밭을 걸으면
맨발이어야 한다
발바닥 혈을 자극해야
건강에도 좋다니까
선생님의 말씀이다

이 돌 꼭 선생님을 닮았네요
수 천 수 만년 동안
물속에서 그려진 얼굴
시인의 작은 미소

지난 세월이
한 줄의 시어로 흐른다
'하나의 돌은 하나의 인생이다'

강물 속에서 반짝이는
시인의 언어
그림처럼 다가온다

* 그해 여름 전봉건 선생님을 따라 남한강에 갔었다. 돌밭을 맨발로 거닐며 돌을 주었다. 그날 선생님께서 돌을 보고 말씀하셨다. 하나의 돌은 하나의 인생이다. 그 말씀이 한 줄의 시가 되었다.

(2009. 07. 20.)

텃밭

아욱 된장국을 끓였다
찬장 깊숙이 들어앉은 검정투거리 속
삼 년 묵은 엄마표 된장
한 수저 떠서
두부 애호박 썰어 파 마늘 다져 넣고
사랑 불 호호 넣고 끓이면
향기롭게 살아 나는
엄마표 손맛

아침상 가득
텃밭이 올라온다
상추 가지나물 쑥갓무침 오이김치 열무김치
하늘이 내린 입맛이다
나도 어른이 되면
텃밭 음식을 만들 거다
어린 시절 꿈을 꾼 소박한 소망
녹색 잎 위에서 꼬물댄다

텃밭을 보면 그려진다
수건을 둘러쓰고 호미질하던 어머니

이마에 송송 흐르던
그 땀방울 속 감춰진 인고의 세월
손끝으로 조물락이던 상추 무침
오늘도 텃밭의 잡초를 뽑는다
이마에 송송 흐르는 땀방울이
상추잎 사이로 흐른다
봄빛이 그린 그림이다

(2018.05.08.)

합장

40년 만에
두 분이 다시 만났다.
참 오랜 세월 기다린
하나 된 그리움

봉분을 정리하고
술 한 잔 올렸다
지금쯤은 무슨 얘기 나누셨을까
많이 반가우셨을까

지금쯤은 알고 계실까?
당신의 막내가
술 한 잔 올리는 것을

잔디 위에 떨어지는
뜨거운 액체의 의미
봉분 위에 쏟아지는
결 고운 햇살

참 오랜만에 잡은 손
정겨움이 가슴에 닿는다

(2008. 05. 10.)

5월

오월의 햇살을 선물합니다
햇살 속에 수줍은 꽃잎들
꽃잎 속에 사랑스런 꽃술들
꽃술 속에 숨어 있는 눈물겨운 사랑

오월은 사랑할 일이 많습니다
너와 내가
우리 모두 손을 내밀고
가슴 따듯한 사랑의 향기
눈 부신 햇살로 그린
한 장의 수채화

오월의 향기를 선물합니다
풀꽃의 풋풋한 냄새
초록빛의 건강한 마음
하얀 이팝나무를 흔드는
품위 있는 바람의 색깔까지

(2018. 05. 02.)

가을 편지

이 가을엔 편지를 쓴다
내 속살 같은 은행잎 하나
우표처럼 붙이고

온 산천에 쏟아지는
여름의 잔해들
바람이 그네 되어 흔들리는
갈대숲에서
타오르는 그리움을 보낸다

긴긴 여름날의 뙤약볕을 지나
산기슭을 돌아오는
지친 그림자 하나
추억의 강물 위에 손을 흔든다
젖은 손을 흔든다

(2018. 10. 22.)

기다림

언제부터인가
한 줄의 시를 기다리는 것이
삶의 의미가 되었다
길을 걷다가
산을 오르다가
때로는 단잠을 자다가도

비 오는 날
눈이 내리는 날
또는 바람이 부는 날도
갈색 커피 한 잔에
기다림이 보인다
언제쯤 알 수 있을까
진솔한 삶의 의미
어둡고 적막한 강을 건너
봄빛처럼
누에가 실을 뽑듯
기다려지는 한 줄의 시

지금도 가슴이 설레인다

(2018.06.01.)

들판에서

가을걷이가 끝낸 들판은
마른 풀잎들의
앓는 소리로 가득하다
들판을 가로지르는 바람
쏟아지는 햇살
모두가 기다리는
자연의 선물

들판에 꽃잎들이 출렁이면
풀잎들은 바람과 친구한다
풀잎들이 노래하면
꽃잎들은 햇살과 사랑한다

지금도 바람과 함께
유년의 추억을 몰고 오는
가을 풀벌레 소리
해마다 변함없이
같은 색깔, 같은 언어로
추억을 부르는 소리

오늘도
들판은 유년의 꿈을 그린다
황금빛 노을을 물들이면서

(2018. 10. 02.)

꿈꾸기

아이들이 갖다 놓은
창가의 작은 화분 속에
햇살들이 빼곡히 앉아 있다
봉숭아 오이 조롱박 나팔꽃들
아침에 주는 물 한 잔
아이들 가슴에
파란 꿈을 키운다

아이들이 참 부럽다
마음껏 꿈을 키울 수 있고
마음껏 달릴 수 있고
마음껏 외칠 수 있기 때문이다

화분에 물을 주며
새로운 꿈을 꾼다
지그시 눈을 감고
아이들 속으로 들어간다
갑자기 심장이 뜨거워진다
햇살이 하얗게 분칠을 한다
(2007.05.01.)

유월의 산

유월의 산을 오른다
나무들이 팔을 벌리고
초록빛 전시회를 열고 있다

햇살이 다복이 쏟아지는 시각
계곡의 물소리
나뭇잎들의 숨소리
산새들의 지저귐, 그 모두는
산중에서 듣는 오케스트라
바흐와 모차르트 쇼팽에 이르기까지
산수유 나뭇가지에
산딸나무 잎새 위에
하얀 찔레꽃 위에
흐르는 선율
나무들이 음악에 취해 있다

유월의 산을 오르면 보인다
혈관을 타고 도는
젊은 날의 초록빛

(2019.06.05.)

풀잎에게

세상에서 가장 부드러운
당신의 가슴에 손을 얹는다
지나온 세월의 어느 한 시점
너의 상처를 어루만져 주고
아픈 기억을 지운다

세상에서 가장 사랑스런
당신의 떨림을 보았다
그 떨림 위에 내려앉는
결고운 햇살
네가 보고 싶을 때는
꽃잎처럼 내려앉고
햇살로 감싸는
연인 같은 얼굴이 된다

너의 아픈 시간을 치유하고
다복이 솟아오르는
풋풋한 모습을 보며
향기로운 숨결

아름다운 마음을 안고
넉넉한 가슴으로 다가선다

(2019.06.08.)

강가에서

까닭 없이 슬퍼지는 날
세월에 묻혀 온 상처를
강물에 씻어 보낸다
힘겹던 시간의 파수꾼들이
강물을 따라가며
안녕이라고 말하는 순간
강물은 넓은 가슴으로
지난 세월까지 껴안고 간다
수많은 아픔들까지

강둑에 서서 흐르는 세월을 본다
슬픔 속에 묻어온 시간의 좌표
시간 속에 묻어온 아픔의 흔적
저만치 억새밭에 나부끼는
사랑의 깃발
내가 지닌 슬픔도
너의 아픔도 치유할 수 있는
세월의 강이 흐른다

(2018.07.05.)

눈물 꽃

겨울 나뭇가지에
하얀 눈물 꽃
겨울 햇살에 녹아내린다

당신 향한 그리움이다
보석 같은 눈물이다

오늘따라 가슴에 안기는
하얀 눈물 꽃의 향기
사랑의 꽃

아직도 아픈가 봐요
눈꽃 속에 보이는
당신의 슬픈 눈
아프고 가슴 시린

이쁜 눈

(2018.01.21.)

수목원에 비가 내리면
김명수 시집

2부

추억 속으로

숲의 비밀

숲속의 아침
눈을 뜨면
창밖 햇살이
심장의 박동 수를 높인다
풀잎 위의 이슬들이
가장 빛나는 순간
나뭇가지들이 기도 하는 시간
언제나 그림처럼 다가오는
그대 모습
그대 마음
그대 숨결

나무와 나무들이 어깨동무하고
서 있는 사이
내 사랑이 떨고 있다

(2018.06.12.)

둑길에서

둑길을 걷는다
질경이 명아주 애기똥풀이
이야기꽃을 피우고 있다
바람은 풀잎 위에 잠을 자고

풀숲에 작은 풀벌레들
햇살과 숨바꼭질하고
풀꽃들의 수줍은 미소가
가슴에 안겨 오면
어린 쑥 향기
나도 모르게 사알 짝 쥐어 본다

둑길에서 마시는 바람은 달콤하다
수많은 풀잎들은 기다렸다는 듯
바람을 안고
햇살을 품고
살아가는 이야기
정겹게 풀어놓는다

풀잎들이 손을 흔든다
물결처럼
바람처럼
가녀린 몸짓으로
그들만의 언어로
사랑의 노래를 부른다

(2018. 06. 21.)

산을 오르다

살다 보니 여기까지 왔다

산의 정상이다
폐부 깊숙이 심호흡을 하고
야호 하고
막힌 가슴을 털어 낸다
어느새 목이 쉬고
머리에 앉은 희끗한 세월

시간과 공간을 훌쩍 넘어
푸른 별들의 시간
새로운 세계
한 번도 가 보지 못한 그곳
바다를 건너
산을 넘어
은하를 넘어
그 미지의 세계

오랜만에 뒤돌아보며
손을 내민다

미안한 나의 젊은 날들
그냥 부끄럽다
아쉽다
그래서 오늘도 산을 오른다

(2018. 05. 09.)

고백

정년 퇴임한 친구가 말한다
직장에 출근할 때보다
어떻게 백수가 더 바쁘다고

어제는 평생학습관에서 기타를 쳤고
오늘은 장구 치러 주민센터로 간다
내일은 등산 가는 날
그다음 날은 사진 찍으러
다음다음 날은 몸만들기 댄스 댄스

틈틈이 봉사 활동도 하고
산과 들로 나가서
풀꽃들과 바람의 친구가 된다

평생 시계추 같은 생활 속에서
나를 가둬 놓고 묶어 놓고
그것이 전부로 알았다
크고 작은 일들이
이팝나무 꽃송이처럼 하늘거리면
앞만 보고 걷고 또 걸었다

오늘은 땀에 절었던
젊은 시간들을 기억한다
푸르른 날들을 지키기 위해
몸부림쳤던 시간들
내 청춘의 앨범 속에
숨겼던 푸른 하늘을 꺼내 본다

(2018. 05. 12.)

나눔 천사
- L 천사에게

    그를 보고 신이 지어 준 이름 하나 있다. 나눔 천사. 주변 사람 모두에게 행복을 배달해주는 사람. 아픔을 사랑으로 포용해 준다. 작고 여린 가슴엔, 늘 넉넉한 마음을 가득하고. 모두를 안아 주고 달래주고 누우런 황금 들판을 달리는 바람처럼 살았다. 자신의 아픔과 슬픔은 탱자나무 울타리 밖에서 잠시 눈물로 흘려보내고 힘들고 괴로운 사람들에게 아낌없이 나누어 주던 사랑의 천사, 햇살 같은 영혼, 행복의 두레박을 올리던 사람이었다.

    오늘은 구십 노모에게 문안 인사 가고 내일은 결손 아이들 곁에서 일일 언니, 일일 누나, 일일 부모 노릇하고, 든든하고 따듯하고 사랑스런 마음을 듬뿍 안겨 주는 날, 달빛이 솔밭에서 꿈을 꾸던 그날, 부모 잃은 핏덩이를 입양하여 또 하나의 천사로 키운 사람. 모든 시기 질투 모함 미움까지 포용하고, 증오와 원한은 모두 하얀 사기대접에 넣어 삭혀 없애고 담백한 사랑의 시간과 마음을 쏟아 담고 살았다.

    겨울나무 앙상한 가지 끝에 돋아나는 붉으스레한 봄눈처럼 소리 없이 봄기운을 전달해 주는 하늘에서 보낸 천사, 오늘도 등결에 흠뻑 땀을 흘리며 아픈 이웃들을 사랑하고 또 사랑한 이 시대의 진정한 천사를 위해 기도한다.

(2018.09.01.)

낙엽에게

젊은 날들의 핏줄이
마른 손등 위에서
용틀임한다
몸속의 물과 살이 다 빠져나가고
얄팍해진 가죽과
앙상한 뼈 속에서 보이는
세월의 앙금

싱그러움과 산뜻함
윤기 나는 모습의 젊은 날
초록 깃발이 나부끼던
그 여름날의 환희

늦가을의 새벽
아스팔트 위에 누운 너를 만났다
마르고 해진 몸뚱이
한없이 가벼워진 모습
자연으로 돌아가고 있었다

아침마다 숲 속 산책길에
소복이 쌓여 있는
너의 마른 몸뚱이들을 만난다
젊은 날의 서정이 그려 있는
아름다웠던 일상을 떠 올리며
부토 속으로 사라질 운명 앞에
그냥 경건해진다

오늘 지금 이 시각
너의 겸손함에 손을 모은다

(2018. 06. 21.)

시와 함께

친구가 보내 준 책 봉투에
시 한 줄 메모했다
밤새 뒤척이며
썼다 지우고 쓰기를 반복한다

창밖 동이 터 오는 순간
먼바다에서 건져 올리는
은빛 고기, 월척이다
만선의 기쁨 같은 것
산의 정상을 오를 때
등골을 타고 내리는
땀방울 같은 것
바람 한 점 없는 날
이글거리는 태양 아래
나무 그늘에서 쉬고 있을 때
스치는 한 줄기 바람 같은 것
낚시꾼의 바늘 끝에서 전해 오는
손맛 같은 것

좋은 시 한 편과의 만남은
맛있는 집밥이다

(2018.09.05.)

겨울비

겨울비는 그리움이다
커피포트에 물이 끓고
비에 젖은 낙엽은
그 여름의 햇살을 기억할까
오늘같이 추억이 살아나는 시각
퇴근을 서두르는 사람이나
거꾸로 출근하는 사람에게
겨울비는 소주 한 잔이다
우울한 일상을 위로해 주는

나는 오늘도
빗속을 걸으며
그리움을 찾아 헤맨다
이제는 미아가 된
젊은 날의 사랑을 찾는다
차가운 겨울비 속에서
아직도 식지 않은
그 따뜻한 기억들
사랑이란 이름으로 그린다

(2018. 12. 06.)

무량사

비가 내린다
천 년 전 내리던 비다

비가 말한다
모두가 낯설다
그때의 나무들 풀들 꽃들
어디로 갔나

아니다
모두 그대로인데
네가 변한 거다
법당도 부처도 그대로인데?

바람이 분다
햇살이 왔다
모두가 그대로다
사람들만 모두 변해 있다

(2018.05.07.)

이별

풀잎 위에 앉은 이슬이
그렇게 사라지듯
강물과 함께 가던 바람이
그렇게 떠나듯
오늘 아침 창문으로 들어온 햇살이
모두를 감싸 안 듯

이별은
바람이다
그리움이다
뜨거운 눈물이다
그리고 아픔이다

(2018. 09. 20.)

겨울나무 1

여름날의 짙은 초록이
마른 나뭇가지 속으로 숨었다
화려한 가을옷을 벗어 버린
건강한 알몸들의 열병식을 본다

부끄러움은 동화 속의 이야기
나는 이미 건장한 병사의 몸이다
가끔씩 바람이 내 몸을 흔들다 가고
햇살이 알몸을 비춰주는 시간
오늘은 겨울 입구에서
수문장이 된다
모든 것을 드러내놓고
또 다른 내일을 꿈꾼다
앙상한 가지 끝에 물드는 선홍빛 꿈
아직도 봄은 먼데
얼굴이 조금씩 달아오른다

부끄러움을 타는가 보다
코끝이 시리다
(2018. 08. 20.)

겨울나무 2

겨울나무에게 배운다
버릴 줄을 알고
감출 줄을 알고
베풀 줄도 알고
기다릴 줄도 아는
넉넉한 마음들을

모든 걸 내려놓고
빈 몸으로 서 있다
겨울 햇살이 좋아
옷을 벗는다
바람이 간지럼을 태우면
부끄러운 듯
몸을 움츠리고 선다

별이 쏟아지는 밤
빈 나뭇가지에
별을 가득 달아 놓고 기도한다
너를 만난 것이 참 행운이야

빈 가지에서 봄 오는 소리가 들린다
그냥 마음이 시리다

(2018. 12. 20.)

사랑 시첩 11
- 어디 있나요

덩굴장미 울타리를 지나
허물어진 모퉁이 담을 돌아가면
그대 있는 곳이 보여요
산골짜기 계곡을 넘어
품격 있게 서 있는
나뭇가지 사이를 뚫고
숨 가쁘게 올라
그대를 바라봅니다

넝마처럼 찢겨진
내 영혼의 슬픈 노래 소리
호수 가까이 숨어 있는
잔물결 소리
아직도 서성이고 있는
사랑의 그림자
그 모두를 포용하고 있는
아침 햇살이 다가옵니다

(2018. 10. 10.)

사랑 시첩 12
- 그대

내 마음의 섬 안에
작은 집을 짓습니다
오늘은 너무 힘겨워
먼 산을 보기도 하고
등걸이 흠뻑 젖도록
희망의 페달을 밟습니다

한 발자국 옮기면
두 발자국 먼저 와 있고
두 발자국 옮기면
세 발자국 먼저 와 있습니다
높이 날으려 하면
먼저 하늘을 날고
조용히 너무 조용히
그리움의 우물 속에 들어앉아
삶의 한가운데
햇살로 다가옵니다

(2018. 10. 11.)

푸른 계절

겨울이 창밖에서
가쁜 숨을 몰아 쉰다.
군에 간 아들한테 편지가 오고
막내는 날마다 도서실이다
큰애는 졸업과 함께 취업을 하고
아내는 방학 중에도 연수 중
나는 날마다 학교 출근이다
겨울은 수은주를 끌어내리는데
목덜미에 스치는 시베리아의 기운

아, 삶의 궤적들이
겨울 선로 위에
출발 준비를 하던
내 젊은 날
푸른 계절이었다

등골을 타고 내리는
땀방울 같은 것
나는 아직도 미로를 걷는다
(2010. 10. 12.)

눈이 내리면

하얀 눈이 내리면
내 마음의 그릇에
첫눈을 담아
그대에게 보내고 싶다
사랑하는 일보다
사랑할 수 없는 일이
더 힘겹지만
마지막 남은
한 장의 달력 위에
더 큰 사랑을 얹고
모두가 기다린 설레임
모두가 기다린 환희
그건 모두가 하늘에서 내린 선물

나는 오늘 보낸다
사랑이란 이름을
천사가 보낸
하얀 선물을

(2018. 12. 08.)

수목원에 비가 내리면

가을 수목원에 비가 내린다
연약한 가지 끝에
햇살과 바람 담아 놓더니
오늘은 입동 입구
무성했던 나뭇잎들이
가장 낮은 곳으로 와
겸허하게 눕는다
그리고 기도 한다
비여, 사랑의 가을비여
내 온몸을 적셔다오

계절이 가지고 온 갈증을 풀고
너의 몸과 함께
땅속에 묻힐지니
지상에 솟아오르는 욕망을 잠재우고
한 줌 흙이 되리니
그리고 다시 봄을 맞이하면
더 많은 나무들을 풀들을
싱그럽게 할지니

비여, 사랑의 가을비여
그대는 내 가슴에
아름다운 추억을 그려다오

(2018. 12. 08.)

가을이 오면

낙엽 진 거리를 걸으며
물어보세요
사랑은 왜 그토록
낮은 곳에 있는지를

오늘따라 노을 진 하늘에
눈물이 고입니다
그곳에서는 바로
가을이 남긴 깊은 의미가
숨어 있기 때문입니다

(2018. 11. 21.)

시를 쓴다는 것은

하루를 살면서
좋은 시 한 편과 만나는 것은
새로운 행복이다

또 하루를 살면서
좋은 시 한 편을 빚는다는 것은
새로운 보람이다

그렇게 시는
날마다 새로운 희망을 그린다

(2018. 12. 01.)

수목원에 비가 내리면
김명수 시집

3부

겨울나무에 꽃이 피다

몽환夢幻
- 나이테

당신의 새집에
푸리지아 한 아름 선물합니다.
당신은 오늘
검은 호랑나비로 다녀가고
밤하늘에 가장 밝은 별
지상에서 볼 수 있는
가장 아름다운 별입니다.

밤새워 풀벌레가 노래합니다.
흥겨운 일이 있나 봐
호수 가득 내려앉는 달빛
달빛 속에 숨은 그대
사랑하는 친구
그리운 친구
가장 아름다운 별입니다.

모두의 별입니다.

선운사

꽃무릇 사이
선운사를 찾은 바람이 잠들다
그리움은
솔밭 가득 내려앉고
곱게 잠든 시간의 파편들
햇살 속에서 졸고 있다

퇴색된 법당 문살 사이
누군가 흘리고 간
선홍빛 사랑의 빛깔
꽃무릇 사이를 넘어온
바람에 흔들린다
수많은 사람들이 남기고 간
용서와 화해와 소망의 침묵들
선운사 마당에서
목백일홍으로 피고 있었다

(2017.01.14.)

당신의 비

어젯밤 꿈엔
아주 먼 곳에 있는
당신을 만났습니다
빗속에서 당신을 향해
달려갔습니다
산을 몇 개씩 넘고
다리를 건너 호수를 가로질러
쉬지 않고 달렸습니다

얼마를 달렸을까
갑자기 무서움이 솟고
숨이 멎는 듯 했습니다
당신은 그렇게 먼 곳에서
해맑은 미소로 다가왔습니다
호박잎을 두드리는
비에 흠뻑 젖으며
빗속에 젖은 세월을
돌아봅니다

별이 되어

밤마다 당신에게
편지를 씁니다
큰곰자리 북극성 견우직녀
어느 쯤에 계실는지
어둠이 다가오면
그리움의 별이 됩니다

나는 오늘도
밤을 새워 편지를 씁니다
노오란 유채꽃
하얀 바람꽃
보라색 제비꽃
모두 모아
결 고운 햇살로 곱게 싸서
그대에게 보냅니다

집 앞에 빨간 우체통이
가득 찰 때까지
사랑의 꽃잎 편지입니다

(2017.01.01.)

잠깐

"애야,
 인생은 잠깐이다."
늘 어머니가 말씀하셨다

잠깐
잠자는 사이
아주 짧은 시간
그걸 아는데
육십 년이 걸렸다

(2018. 01. 14.)

선수암 가는 길

그곳에 어머니가 계시다
새벽 다섯 시 머리를 곱게 빗으시고
머리엔 쌀 한 말이고
한 손엔 내 손을 잡고
선수암을 향해 걷는다
가는 데 사십 리 길
가다 쉬고 쉬었다 가고
네 시간이나 걸어 도착한
덕숭산 수덕사 선수암*
얼굴이 하얗게 센 주지 스님
부처님과 공양 보살 하나 계신다

아주 작은 새들과
이름 모를 풀꽃들이 반긴다
솔숲 가득 숨었던 바람
고요 속 퍼져 나가는
공양 목탁 소리
잠든 숲을 깨운다
오직 묵언 침묵으로
부처님 가르침 안고

도를 전하는 법당 안
이 승에서 물든 귀耳
흐르는 냇물에 씻는다

* 수덕사에 여승이 주지로 있는 작은 암자. 육십 년 전 연로하신 여승 한 분이 보살 한 사람과 함께 작은 암자를 지키고 있었다. 어머니는 해마다 공양미를 머리에 있고 그 먼 길을 다니셨다.
부처님께 점심 공양을 하고 나면 그 앞을 흐르는 작은 시내에서 그릇을 씻은 후 노스님 거처하는 방에서 녹차 한 잔을 주셨다. 바람 소리와 이름 모를 풀꽃들이 반겨 주던 그 작은 암자 선수암, 많은 세월이 흐른 지금은 제법 큰 절이 되어 있었다. 이 선수암에 올 때마다 부처님께 공양 올리시던 어머니.
자식들을 위해 빌고 기도하던 모습이 한없이 그리워진다. 많이 보고 싶다.

사랑은

사랑은 묘약이다
어떤 상처라도 아물게 하는
부드러운 꽃잎처럼
향기를 안고 오는
햇살로 다가와
꽃잎처럼 아물게 하는

사랑은 마술이다
눈물을 꽃으로 변하게 하는
슬펐던 순간이
단숨에 기쁨으로 변하는
눈까풀에 콩깍지를 씌우는

사랑은 설레임이다
가슴이 두근두근 요동치는
그런 유치함이다

사랑은 장미의 가시다
철부지 아이들을 닮은
아주 작은 말에도 상처 나는

그런 사랑은
나이를 모른다
세 살이든 여든이든
사랑을 주면
마냥 웃기만 한다

(2016. 10. 31.)

석호리 3

아침마다 만난다
호수가 그리는 움직이는 수채화
잘름이는 물결 위로
가슴에 안기는
하얀 물안개

호수 속의 잠긴 해가
가슴을 설레게 하는 아침
능선 위에 줄 지어선
겨울나무들의 행진
아름답고 고운 눈썹 같다
크고 작은 나무들은
앞서거니 뒤서거니 어깨동무하고
봄이면 하얀 싸리꽃 무리들이
너울처럼 춤을 추고
밤이 되면
눈이 시리도록 쏟아지는
푸른 별들

모두 한 장의 수채화
눈물이 난다

(2016. 04. 10.)

운주사 2

83만 년 전의 역사가
누워서 속삭인다
노비들이 주인 되는 세상 만들자고
화산재 굳은 응회암 속에
누워 있는 와불 하나
부드럽고 단아한 모습
천년을 지키고 있다

해탈의 문을 나서며
솔숲에 바위 숲에
천불탑 속에
숨어 있는 노비들의 함성
천년의 세월을 건너
바람에 전해 듣는다

* 운주사는 전남 화순군 운주리에 있는 절이다. 몽고군이 쳐들어 와 있을 때 각종 석탑과 와불을 천개나 만들었다고 한다.

(2017.01.21.)

노을 1

저녁나절이면
노을이 한 편의 시를 쓴다
하루를 아름답게 수놓는
인생의 희로애락이 보인다
바람, 구름, 호수를 닮은
노래들이다

신비스럽다
황홀하다
아름답다

누군가의 아픔, 기쁨, 슬픔들이
호수 위에서 미끄럼을 탄다
붉은 태양이 서산을 넘으며
지상에 남기는
가장 아름다운 한 편의 그림이다

(2016. 04. 25.)

노을 2

우리집 마당에서 보는 저녁 하늘은
수줍은 열여섯 그 얼굴이다
누굴 보고 저렇게 달아올랐을까

날마다 산 위에
호수 위에 펼쳐지는
인생의 희로애락
때로는 연하고
핏빛의 무게 같은 것

신비스럽다가도 황홀한
황홀하다가도 아름다운
아름답다가도 몽롱한
한 편의 서사시
저 빛깔 속에는 말하지 못한 아픔과 기쁨
함께 만들어 가는 섭리도 있을 터

하루의 마무리를 황홀함으로
때로는 아름다운 음표로
우리 인생의 끝자락을 매달아 놓는

지금 이 순간
내 온몸도
노을에 물들고 있다.

운무 雲霧

허공을 가르는 춤사위
선녀의 발걸음을 닮았다
산허리를 감도는
선녀들의 군무

산도 나무도 계곡도
서로 껴안고
운무 속에서
꿈을 꾼다

내일을 약속하고

(2017. 03. 10.)

산 1

산에 가면
숨어 있는 소리가 들린다
골짜기에
산기슭에
나무숲에
바위틈에

새소리 바람 소리
솔잎 부비는 소리
한 무리씩 어디로 가는 것일까

산은 마음 착한 연인이다
계곡의 물소리로 아침이 오고
꽃잎 풀잎 나뭇잎 부딪는 소리
그리고 새들의 노랫소리까지
함께 어우러져
작은 오케스트라를 이룬다
소리의 마술사가 된다
숲 속에 하모니를 이룬다

산 2

산은 늘 색칠 공부를 하고 있다
단풍나무 산수유 산딸나무 너도바람꽃
하얀 찔레꽃 진달래 철쭉까지
갖가지 색깔로 물들이고
고운 옷 입었다가
삭막한 나신이었다가
다시 화려하게 옷을 맞춰 입는
칠면조 같은 나라다

산은 소리의 마술사
계곡의 물소리
나뭇가지에 걸린 새소리
꽃잎 풀잎 부딪는 소리
바위틈에 숨은
다람쥐 알밤 까는 소리

소리와 소리들이 이루어 내는
아름다운 하모니
신비스런 상상의 나라
(2017.03.15.)

시인의 소망

시골에 묻혀
몇 줄의 시를 쓰다 보면
작은 소망 하나 있다

세상 사람들이 좋아하는
참 좋은 시 하나 빚는 것
절망하는 이에게
방황하는 이에게
슬픔이 가득한 이에게
한 줄의 시가
위안이 되는
등대 같은 희망을 주는
그림 같은

시 한 편 남기는 것

(2017. 01. 17.)

시를 데리고

여행하고 싶다
가방 속에 당시唐詩 한 권 친구하고

삶의 의미가 가득 들어있는
한 편의 시 속에
새로운 세계
새로운 사랑
새로운 꿈을 싣고

참 좋은 시 한 편
빚고 싶다

(2017. 01. 17.)

행복

산길을 가면
이름 모를 풀꽃들
잎과 열매를 내려놓은 나무들
몸과 마음을 비운 낙엽도
모두 나의 친구다

둔산동 은행 건물 옆 모퉁이
노점상 할머니 손등 위에
겨울 햇살이 졸고 있다
손주 용돈 챙겨 주러
텃밭을 옮겨 왔다는 할머니
갓 따온 가지 토마토 애호박들이
주름진 손등 위에서
감춰진 세월이 졸고 있다
손님의 비닐 봉지 속에
손주의 용돈이 보인다
할머니 미소가 들어 있다

(2017.07.08.)

나의 詩

어느 땐
참 고운 옷을 입는다
예쁜 목소리를 낸다
멋진 목청으로
노래를 부른다
다시 어느 때는
멋진 요리사가 된다
가수도 된다
화가도 된다

시가 그리는 마술이다

(2017.06.05.)

편지

마음이 손끝에서
그림을 그린다
가슴에서부터 터져 나온
진솔한 언어다

부드러운 말로
촉촉한 느낌으로
음악으로
그림으로

편지 속에 있는
작은 설레임
꼭꼭 숨어 있는
나만의 사랑

꽃단장을 하고

(2017.06.03.)

어떤 사랑

그냥 궁금합니다
무엇을 할까
잠은 잘 잘까
식사는 잘 하시나
감기는 들지 않았는지
심장이 다시 뜁니다

우울했던 지난 일상들이
누군가 눈치챌까 봐
"사랑해요" 하고도
그 말은 한없이 쑥스럽습니다
얼굴이 뜨거워지고
계면쩍은 모습입니다

하지만 감사합니다
고맙습니다
덕분에 내 심장이 뛰고 있습니다
겨울 하늘이
파랗게 내려 앉습니다

(2017.01.18.)

'엄마'라는 그 이름

엄마라는 그 이름
생각만 해도
나이를 들었어도
꾸중을 들어도
그냥 마음이 즐겁다

엄마라는 그 이름
가까이 가고 싶고
멀리 있어도
보이지 않아도
그리우면서도 애잔하다

엄마라는 그 이름
빨리 달려가서
응석을 부리고 싶고
그냥 오래오래
함께 하고 싶다

(2017. 01. 20.)

누나

언 땅이 녹기 시작하던 날 누나가 가마를 탔다. 나이 열아홉, 곱고 예쁜 누나를 태운 꽃가마를 건장한 남자들이 메고 들고 간다. 꽃가마 속 누나는 울고 있을까, 웃고 있을까. 가마 뒤를 따라가며 눈물을 훔치는 사내아이 하나, 겨우내 언 땅이 녹으면서 질펀해진 시골길, 냉이꽃이 흔들리는 그 시골길을 검정색 고무신을 신고 가마 뒤를 졸 졸 졸 따라가는 사내아이 하나, 눈물을 훔치는 손매 끝에 봄빛이 머문다.

갓난아기 때부터 업어 주고 달래주고 챙겨주고 보듬어 주던 세상에서 가장 예쁜 천사 같은 우리 누나. 봄빛 가득한 둑길에, 질퍽한 땅 위에 봄 햇살이 가득한데, 아지랑이처럼 아롱아롱 멀어져 가는 꽃가마를 바라보며 손을 흔드는 작은 손, 봄빛 속에 올라온 냉이꽃이 소년과 함께 손을 흔들고 있다.

시골 농사꾼의 사형제 중 막내아들에게 시집간 누나, 중풍으로 쓰러진 시어머니 똥오줌 받아 내기 삼 년 반, 하느님께 의지하며 궂은일 마다않고, 인고의 세월 버텨 내더니 큰애는 고시 합격 고생한 보람 있어라

울 엄마 가시고선, 해마다 동생네 집 김장 김치 챙겨주고 서리태 찹쌀 메주 고추장 된장까지 바리바리 챙겨주셨지. 엄마처럼 언제나 미소로 격려로 걱정으로 깨닫게 하고 엄마가 가르쳐 주신 베풂의 미학을 실천 따뜻함을 전해 주는 천사 중의 천사라.

어느 날부터는 교회 집사가 되고 하느님께 의지하며 모두의 건강과 안녕을 위해 기도하고 있다. 멀리 있는 동생 아프지 않은지, 밥 잘 먹었는지 챙겨 주시고 '살아 있는 동안 건강해야 된다' 늘 말씀하시고 환한 미소로 보듬어 주는 우리 누나

누나의 안부를 묻는다. 누나, 요즘 식사는 잘하시는지, 걷기는 좀 나아지셨는지, 전화기 속 목소리에 목이 메이고, 왠지 그냥 감사하고 고맙고 그리워라. 건강해야 되어, 밥 잘 먹으라고. 똑같은 멘트 똑같은 목소리지만 언제나 정겹고 언제나 맑고 고운 목소리, 해맑은 미소까지 건강하세요, 오래오래 건강하셔야 합니다.

(2017.01.18.)

동네 서점

유리창을 밀치면
쓰러질 듯 쌓아 놓은 책들이
나를 포옹한다
따끈따끈한 신간들과
빛바랜 고서적까지
주인은 손님보다
핸드폰 속에 빠져있고
책들은 누워서
손님을 기다린다
표지마다 장식된 제목들이
개성 있는 표정으로
반갑게 달려오면
조심스레 새 책의 첫 장을 넘긴다
저자들의 치열함이
응축된 행간 속에서
피어나는 진솔한 삶의 향기
아, 사랑하고픈 책의 향기로움
새로운 꿈들이 독자에게
이식되는 순간이다

(2017. 02. 25.)

눈眼
- 난시를 위하여

글씨가 자꾸 둘로 보여
안과에 갔다
나이 든 탓일까
난시라 한다
특별한 약이 없어
안경을 맞추고
결명자를 사러 갔다
결명자 삼 년이면
봉사도 눈이 뜬다 해서
마침 홈쇼핑에서
눈에 좋은 약이라 하여
그냥 주문을 했다
사람이 둘로 보이고
글씨도 흔들리고
세상도 흔들리고
눈이 소중하다던데
게으름 탓일까
세상을 바로 보라는 경고인가
갑자기 시야가 흐려진다

(2017.01.15.)

봄비

봄이 되면
당신의 사랑비가
온몸을 적신다
겨우내 마른 추억 속에
사랑의 수액을
가득 넣는다
서서히 생동감이 몰려오고
가지에 솟는 새로움
가슴이 젖는다
새로운 생명이
숨 쉬는 소리가 들린다

(2016. 03. 25.)

4부

푸른 강물 위에

노을 3

평생 비탈진 땅을 일구는
석호리 손 씨네 밭
쇠스랑 발 사이로
붉은 노을이 갈라지고 있었다
펄펄 끓든 젊음이
날마다 조금씩 산 너머로 가고
남은 건 퍼런 정맥이 솟구치는
깡마른 팔뚝
그래도 부지런히 일한 보람 있어
몸뚱이 하나는 튼튼 혀
석호리 손 씨가 든 쇠고랑 끝에
퍽 하고 찍히는 저녁노을
오늘따라 가슴속으로
내려앉는다

(2017.01.07.)

망초꽃

망초꽃이 손을 흔든다
무리 지어 흔들리는 병정같이

가녀린 허리
길게 솟은 키
쓰러질 듯
서로 보듬는다
서로 기대어 햇살을 받고
서로 손잡고 달빛을 받고
살아가는 법을
몸으로 표현한다
비와 바람을 이겨나가는
하얀 순결들

수액이 마르기 전
마지막 노래를 부를까
또 하나의 계절이 지나는 길목에서
마른 잎 위에 눕는 햇살을
살포시 안아 본다

(2016. 09. 10.)

겨울나무

그 여름날의 성숙함이
그 가을날의 풍성함이
모두 어디로 갔을까
오늘은 그 빈자리에
바람이 머물러 있다
쓸쓸하게
홀가분하게
햇살을 듬뿍 받고

정결한 나뭇가지 사이
가만히 귀 기울여 보면
다가오는 계절의 신호가 들린다
깊은 상처가 난 뒤
새벽잠에서 깨면
새살 돋는 소리가 들리듯이
홀가분하게 떠나보낸 후의 일상
꾸미지 않은 나 자신에
의연하게 서 있는 모습에
박수를 보낸다

(2017. 01. 25.)

이별

당신과 함께 호숫가에서 해가 뜨고 해가 지는 것을 그렸지. 바람이 호수 위에 그리는 그림이 신비롭고 고운 단풍나무가 호수를 곱게 물들이고 햇살까지 끌어와 그리고 나면 온 세상이 모두 내 것이더라 부러울 게 없었지 두 손 곡 잡은 손안에 촉촉이 땀이 고이면 억새밭 사이 사각대는 그들의 언어 속에 잠시 귀 기울이고 서로 눈빛으로 말하며 지난 세월을 그려 보네. 어느새 이만큼 와 버린 세월이지만 앞으로 새로운 꿈이 도전하려 할 때 당신은 홀연 하늘로 소풍 갔어라. 그 소풍 길 언젠가 나도 따라가겠지만 그립고 아쉬움이 호수에 가득 빠지면 먼 하늘만 바라보며 바람이 그린 그림을 봅니다. 사랑해요 또 사랑했어요

(2017.01.20.)

그리움

해 뜨면 그 얼굴이
해지면 그 모습이

눈뜨면 그 목소리가
눈감아도 그 미소가

가슴으로 다가와
살포시 안긴다

(2017.01.29.)

내 사랑은

봄빛처럼 나뭇가지 위에
조용히 내려앉는다

궂은비와 눈과 안개까지
모두 끌어안는다

민들레 꽃잎 위에 내려앉는
봄빛이다

박새의 둥지 속에
고이 잠든 햇살이다

내 사랑은

(2017.01.30.)

그리움 2

보고 싶을 때
한 줄의 시 속으로 여행합니다

따듯한 가슴이 보입니다
하얀 미소와 예쁜 옹고집도

시속에 그리움이 숨을 쉽니다
내가 살아 있는 의미입니다

가슴에 그림을 그립니다
사랑의 온도입니다

(2017. 03. 10.)

별을 그리는 아이들

날마다 별을 그리는 아이들이 있다
천체 망원경 속에서 꿈을 싣는
수억 광년 떨어져 있는 별
아이들은 궁전도 짓고
터널도 만들고
별과의 직선도로도 만든다
세상에 없는
또 하나의 세계다
가장 아름다운 색깔로
가장 빛나는 모습으로

아이들이 별을 옮긴다
수억 광년 떨어진 그들을
하얀 종이 위에
하나, 둘, 셋……
많아져 가는 별들의 세계
별과 별을 잇는 도로가 만들어지고
쉴 집을 짓고
노래도 만든다

별은 아이들의 친구다
별은 아이들의 꿈이다
별은 아이들의 놀이터다
별은 아이들의 사랑이다

봄비

봄비가
호수 곁에 내려앉으며
속삭이면
일렁이는 작은 파장들 속에
수줍은듯한 그대 얼굴이 보인다

봄비가 풀잎 위에
사알짝 내려앉으면
현을 울리듯 소리가 난다

봄비가 나뭇가지 끝에
내려앉으면
붉은 꽃 몽우리들이
부스스 날개를 편다

이 모두가 숨었던 봄빛이
터지는 순간이다

(2017.04.16.)

어느 봄날의 반란
- 대청호를 지나며

억새밭에서 바람을 만났다
푸른 물과 하늘과 햇살
흔들리는 억새의 유혹 속에
아직도 남아 있는 혼미한 추억

물결 같은 꽃잎들
눈꽃 같은 꽃잎들
호수 주변을 날고 있다
또 다른 유혹의 손짓이다
옥천에서 속리산까지
꽃님이네를 거쳐 문의까지
그리고 문의에서 신탄진까지
꽃잎들은 춤을 추고 있었다
온몸을 던지는 낙화의 아름다움
바로 선의 경지 그것이라
떨어지면서도
아름다움만은 간직하고 사라지는
어느 봄날의 반란, 유혹
대청호에 사랑이 통째로 빠졌다

연포

사랑의 숨소리가 들린다
해풍을 타고 자란
등 굽은 소나무 한 그루
바다를 향해 팔을 벌리고
사랑의 기도를 한다

소원이 꼭 이루어질 것 같다
리듬을 타고 오는 파도 소리
시를 쓰는 바닷바람
하얀 백지 위에
한 폭의 그림으로 누운
하늘과 바다, 백사장과 소나무
파도와 모래알의 유희

젊은 날의 연포가 보였다
일출을 보며 약속한 곳
따뜻한 친구가 안내하던 곳
떡국 인심 가득한 곳
사랑하는 사람과 한 번쯤은

다시 가 보고 싶은 곳
그 바다에 다시 해가 떠오른다

(2018.03.09.)

편지

아름다운 꽃들이
축하 비행을 하던 봄날
편지를 쓴다
일찍이 그 꽃잎들을 모아
너의 웨딩드레스를 만들고
너의 구두를 만들고
너의 모자를 만들어 주고 싶다

그것은 사랑이었어
어딘가에서 부르고 있을
어디쯤에 있을지도 모를
사랑의 노래였어

한 잎 두 잎 모아 만든
슬픔의 꽃잎
눈물의 꽃잎
사랑의 꽃잎

지금쯤 어느 하늘 아래서
기억하고 있을까

바람을 타고 오는
너의 숨소리
너의 향기
지금도 그냥 가슴이 뛴다

(2018.03.10.)

산수유꽃

봄 냄새 가득한
식장산 등산길에서
산수유꽃을 만났다
아직 찬바람이 남아 있는데
갑자기 다가온
노오란 봄 색시
갑자기 수줍어져요
등걸이 터진 발가벗은 나무들이
험상궂은 모습으로 버티는데
산수유나무들만 골라
노오란 옷을 입힌다

오늘 식장산은
바람도 노랗고
내 마음의 색깔도 노랗다
노오란 산수유꽃들이
등산길 가득
봄 냄새로 유혹한다

(2006. 03. 25.)

우금티를 넘으며

이 땅의 백성들이
백 년 후에 다시 살아났다
권력과 억압에 억눌리고
총칼에 찢기고 밟히던
이 땅의 무지한 백성들이여

살기 위해서
함성으로 깃발을 들고
너도 살고
나도 살고
모두가 살기 위해서
산을 넘고 들판을 달렸다
죽음의 산 중턱을 넘어
공주 관아를 향했다
그러나 꿈을 펼쳐보지도 못한 채
모두 슬픈 별들이 되었다

(2017.05.10.)

석화 石花

오늘은 어떤 빛깔로 해가 뜰까
오늘은 어떤 빛깔로 해가 질까

떴다가 사라지는
태양의 행로
뜨거운 날은 더 뜨겁게
추운 날은 더 춥게
늘 그 자리에서 빛을 낸다
지난밤 수많은 별 중
새벽녘엔 오직 하나만 남아
그대를 지킴은
사랑의 참 의미일 것
가끔은 견딜 수 없는 외로움이
나의 온몸을 사슬로 묶고
기다리고 있는 시각
차갑고 단단한 바윗돌에서
생명의 기적을 증명하며
차가운 바위에 핀
나만의 향기를 보듬는다
(2015.08.05.)

달맞이꽃

아침마다
처음 보는 얼굴이다
꿈을 키우는 달맞이꽃
한낮이 되면 다시 외면하고
저녁나절부터 밤새 그리고 아침까지
달빛 별빛 안고 사랑하던
노오란 다섯 장의 꽃잎들

시간과 햇살을
꽃잎 속에 포개 두었다가
아침에 새처럼 날려 보내는
아름다운 용기
오늘은 더욱 눈부시다
호수의 물안개까지

더욱 사랑스럽다

(2015. 08. 08.)

석호리 3

바람이 호수에 가득하다
숨바꼭질하듯 숨죽이고
그냥 있다
바람이 창문 앞에 와 머물다
흙냄새 가득 안고
꽃과 나무 냄새까지
그들은 머무는 곳을
무척 사랑하는
석호리 사람들
바람이 인사한다

쓸쓸함에 대하여

무인도에 혼자 가 본 일이 있나요
하얀 갈매기 한 마리
외로움의 날갯짓을 보셨나요
파도도 외롭고
바위 끝 한 그루 소나무도
그 옆에 서 있는 여행객도
때로는 바다 위 달빛까지

쓸쓸함에 시 한 편 올리네요
알고 계시나요
도시 속에서
정신없이 바쁘던 일상에서
잠시 외딴섬 무인도에
표류하고 있는

쓸쓸함은 내 진정한 친구
한 편의 시로 다가오는
사랑의 친구

(2019. 02. 27.)

수목원에 비가 내리면
김명수 시집

<해설>
사랑의 동심원과 자연친화의 정서

윤성희(문학평론가)

〈해설〉

사랑의 동심원과 자연친화의 정서

윤성희(문학평론가)

　김명수 시인의 이번 시집 『수목원에 비가 내리면』은 그가 살아온 한때의 정서적 삶을 담은 기록이다. 이 시집에서 시인은 주로 2017~8년 어간의 정서적 풍경과 그 변주들을 보여주고 있다. 그의 최근 시집 『바람에 묻다』(2024)에 실린 작품들이 2016~7년을 중심으로 생산된 것을 감안하면 시인은 2010년대 후반을 보가 터진 듯한 시의 사태 속에 살아낸 셈이 된다. 그 사태가 쏟아낸 방류물들은 오랫동안 깊숙한 어딘가에 묶인 채 보관되어 있었을 테다. 그동안 후숙後熟과 발효의 시간이 필요한 때문이었을까. 이제 그 봉인을 풀어 유류품들을 헤치고 다듬어 양지로 끌어올린 것이 이번 시집이다. 앞선 시집 『바람에 묻다』(2024)가 보여주던 것처럼, 그리고 더 앞선 시집 『아름다웠다』(2018)가 그랬던 것처럼 동시기에 솟구친 시심들을 한 권 한 권의 시집으로 매조지고 있는 중이다. 시간이란 분절되는 게 아니어서 이 시집들 사이에도 일관된 밑절미가 있기 마련이지만 또 저마다의 고유한 빛깔이 드러나는 것도 사실이다. 시간이 연속선 위에서 이동하는 것처럼 시인의 마음도 시차를 두고 움직이기 때문이다.

이런 움직임을 나는 여러 겹의 둘레를 가진 동심원에 빗대고 싶다. 가령『아름다웠다』에서 시정에 진동을 일으킨 파원波源이 상실과 부재로부터 비롯한바, 파원에서 연원한 물주름은 시간의 흐름과 함께 점점 약하게, 그러나 더 넓게 동심원을 이루며 퍼져 나간다.『아름다웠다』에서의 시쓰기는 사랑하는 이의 부재를 견디는 방법, 나아가 애도를 소화하는 한 방법이었다. 그때의 강렬한 정서적 진동, 예컨대 "화장실에 가서 물을 틀어놓고/그냥 꺼억 꺼억 소리내어 울었"(「괜찮아」,『아름다웠다』)다던 격렬한 감정은 『바람에 묻다』를 거치고『수목원에 비가 내리면』에 이르면서 그 파문이 얼마간 누그러들게 된다. 프로이트는 애도가 상실의 고통을 극복하고 남은 자의 세계로 눈을 돌리는 작업이라고 말한다. 그렇다면 떠난 이를 가슴에 묻어두는 것만으로는 상실이 빚어낸 이 세상의 공백을 채우는 것이 되지 않는다. 애도란 정신의 무중력을 허물고 거기에 새로운 중력을 부여하여 무게중심을 잡는 일이다. 나아가 애도의 완성이란 흐트러진 삶의 질서를 재배치하고 산 자들끼리의 관계를 재구성함으로써 슬픔을 넘어선 삶을 사는 데 있다.『바람에 묻다』와『수목원에 비가 내리면』은 그런 점에서 공백을 채우고 무게중심을 마련함으로써 애도의 완성으로 나아가는 동심원적 물살의 점이지대라 할 만하다. 그곳에서 시인은 상실이 가져온 텅 빈 공백에 '떠난 자'를 대체할 새로운 등가물을 채워 넣는다. 그리하여 지금 '남아 있는 자'에게 상실을 통과하여 일상으로 복귀하기를 촉구하고 살아갈 힘을 얻을 수 있게 한다.

> 그 여름날의 성숙함이
> 그 가을날의 풍성함이
> 모두 어디로 갔을까
> 오늘은 그 빈자리에
> 바람이 머물러 있다
> 쓸쓸하게
> 홀가분하게
> 햇살을 듬뿍 받고
>
> 정결한 나뭇가지 사이
> 가만히 귀 기울여 보면
> 다가오는 계절의 신호가 들린다
> 깊은 상처가 난 뒤
> 새벽잠에서 깨면
> 새살 돋는 소리가 들리듯이
> 홀가분하게 떠나보낸 후의 일상
> 꾸미지 않은 나 자신에
> 의연하게 서 있는 모습에
> 박수를 보낸다
>
> -「겨울나무」전문

 나무는 잎이 졌다고 넘어지지 않고 열매가 떨어졌다고 쓰러지지 않는다. "여름날의 성숙함"과 "가을날의 풍성함"이 사라진 빈자리지만 거기에 바람이 머물러 있고 햇살이 '듬뿍' 내리기 때문이다. '겨울나무'는 결코 상실의 상태에 오래 붙들리지 않는다. 바람과 햇살로 공백을 채우면서 동심원의 바깥쪽으로 상실의 빈자리를 밀어낸다. 겨울나무가 자신의 삶을 복원하는 방식이다. 옛 동화 속 인물들은 대부분 가난하거나, 버림받았거나, 불운한 역할로서의 전형성을 갖는다. 겨울나무도 죽음과 재생, 상실과

복구로서의 전형성을 얻는다. 동화를 읽는 독자가 그 인물들의 전형성에 쉽게 동화同化하듯이 상실의 경험을 가진 시인 또한 겨울나무의 전형성에 자신의 상황을 투영한다. "정결한 나뭇가지 사이/가만히 귀 기울"이는 행동은 시인이 이제 의식적으로 새로운 자아를 인식하고 재구성하는 주체로 거듭나는 장면이다. "다가오는 계절의 신호가 들린다"는 말도 "새살 돋는 소리"와 겹치면서 화자의 삶이 갱신과 전환에 이르렀음을 보여주고 있다. '새살'은 겨울의 상처를 밀고 나온 봄의 예인선이자 시적 자아가 겨울의 칼날에 쓰러지지 않았음을 알리는 생명의 파발마이다.

시인은 이제 "새벽잠에서 깨"어 "홀가분하게 떠나보낸 후의 일상"을 맞을 수 있게 된다. 이 시에서 '홀가분하게', '정결한' 같은 시어가 쓰이는 정황도 예사롭지 않게 보인다. 깨어진 삶의 파편들이 널려 있는 자갈밭에서 털고 일어나 삶의 재생제의를 치르고 난 마음가짐을 그렇게 표현한 것일 테다. 텅 빈 자리에 '새살'을 채움으로써 삶의 생생한 관계 속으로 돌아올 수 있게 된 것이다. 특히 마지막 두 행에 주목해 보자. "의연하게 서 있는 모습에/박수를 보낸다"고 했다. '의연하게 서 있는' 나와 '박수를 보'내는 나, 두 개의 자아가 있다. 재생제의를 치르고 일어선 나와 그런 나를 응원하고 격려하는 나를 통해 두 자아는 관계를 재구축하게 된다. 그렇게 하여 나는 스스로 침몰하기를 멈추고 자신을 객관화/타자화하는 능력을 확보한다. 자기객관화란 자기 자신을 타인의 시각으로 바라보는 것, 열린 시선으로 자신과 관계 맺는 주변도 함께 바라보는 것이다. 거기서 자아와 동일시된 '겨울나무'에 대한 태도는 자연물과의 관계 맺기로 나아가고 마침내는 자연물끼리의 관계 맺기로 확장되기에 이른다. 가령, "산길을 가면/이름 모를 풀꽃들"이 "모두 나의 친구"(「행복」)가 되고 "질경이 명아주 애기똥풀이/이야기꽃을 피우"는(「둑길에서」) 곳에 참여하는 것으로 둘레를 넓힌다. 이와 같은 자연친화적 정서가 도달하는 심리의 중심에 '사랑'이 있다.

> 봄빛처럼 나뭇가지 위에
> 조용히 내려앉는다
>
> 궂은비와 눈과 안개까지
> 모두 끌어안는다
>
> 민들레 꽃잎 위에 내려앉는
> 봄빛이다
>
> 박새의 둥지 속에
> 고이 잠든 햇살이다
>
> 내 사랑은
> 　　　　　　　-「내 사랑은」 전문

> 노오란 산수유 꽃잎 위에
> 손님이 왔다
> 겨우내 눈 속에서 움츠렸던
> 그 봄빛이다
> 산뜻한 목소리로 노래 부르고
> 결고운 꽃잎 위엔
> 눈부신 햇살 한 줌
> 꽃잎과 꽃잎 사이

> 바람이 숨어 있다
> 꽃술 사이사이 햇살이 가득하다
> 봄빛과 꽃술이 사랑에 빠졌다
> 　　　　　　　　-「꽃잎 한 장」 전문

『수목원에 비가 내리면』을 읽다 보면 수많은 '사랑'을 만나게 된다. 이 시집 속에 가득 들어 있는 사랑은 시인의 내면을 부드럽게 진동하는 긍정의 에너지원이다. 누군가에게 사랑은 대상에 수렴되고 응축되는 감정이지만 시인에게 사랑은 만물을 향해 골고루 퍼지는 햇살 같은 마음이다. 어떤 사람에게 사랑은 누군가의 유일한 존재가 되고 싶은 욕구지만 시인에게 사랑은 '봄빛처럼' 조용히 내려앉아 평정심으로 이끄는 연결감이다. 시인에게 사랑은 주체와 대상, 대상과 대상이 함께 어우러지는 일이다. 서로 스며들고 섞이는 일이며, 매 순간 세계가 선물하는 자연의 광휘를 받아들이고 축복하며 더불어 생동하는 일이다. "들판에 꽃잎들이 출렁이면/풀잎들은 바람과 친구한다/풀잎들이 노래하면/꽃잎들은 햇살과 사랑한다"(「들판에서」). 자연 만물이 연대하여 자연의 수채화 한 폭["너와 내가/우리 모두 손을 내밀고/가슴 따듯한 사랑의 향기/눈 부신 햇살로 그린/한 장의 수채화"(「5월」)]을 완성하고, 자연의 호흡에 맞춰 시인도 함께 숨 쉬면서 발랄하고 동화적인 유희에 젖어 든다. 자연은 시인을 둘러싸고, 시인에게 스며들고, 시인에게서 흘러넘친다.

　그에게 자연 사물은 시의 풍경을 이루는 정원이다. 그 정원은 모네의 정원처럼 풍성한 자연의 빛을 머금고 있지만 특정한 구역으로 제한되지 않는다는 점에서 모네의 정원과는 다르다. 시인의 정원은 '하소동 옛터'에서부터 '진해 앞바다'에까지, 그리고 둑길, 숲속, 호숫가에 이르기까지 그의 걸음과 시선이 가서 머무는 곳으로 열려 있다. 모네가 수면에 떠 있는 수련과 그 주위에 있는 갈대와 버드나무, 아이리스를 그리는 데 온 감각을 총동원하였다면 시인은 산수유꽃, 민들레꽃, 배꽃, 바람꽃, 냉이꽃, 제비꽃, 벚꽃, 새싹, 풀잎 들을 끌어안는 데 온 마음을 쏟아 넣는다. 모네의 정원에 잔잔한 연못이 있다면 시인의 정원에는 스미거나 적시는 '비'(「봄비」, 「그대」, 「수목원에 비가 내리면」)가 내리고 있다. 모네가 빛의 변화에 주목하였다면 시인은 빛의 온기에 착안한다. 봄빛, 햇빛은 시집 전반을 따스하게 덮히는 시인의 전유물이다. 김명수의 시에서 봄과 꽃과 햇빛을 향한 굴성屬性은 너무도 뚜렷하다. 따뜻하고 밝은 빛이 있고, 노랗고 하얀 색감의 꽃들이 만발해 있다. 그리고 사랑과 자연 만물의 화응和應을 보다 적실하게 구현하는 봄이 있다. 김명수 시인에게 빛과 꽃으로 가시화된 봄은 소생과 생동의 표지, 생명의 알림음이다. 그의 시가 봄의 이미지를 시 세계의 주요 모티프로 삼는 이유가 여기에 있을 것이다.

> 가을 수목원에 비가 내린다
> 연약한 가지 끝에
> 햇살과 바람 담아 놓더니
> 오늘은 입동 입구
> 무성했던 나뭇잎들이
> 가장 낮은 곳으로 와
> 겸허하게 눕는다
> 그리고 기도한다
> 비여, 사랑의 가을비여
> 내 온몸을 적셔다오

계절이 가지고 온 갈증을 풀고
너의 몸과 함께
땅속에 묻힐지니
지상에 솟아오르는 욕망을 잠재우고
한 줌 흙이 되리니
그리고 다시 봄을 맞이하면
더 많은 나무들을 풀들을
싱그럽게 할지니
비여, 사랑의 가을비여
그대는 내 가슴에
아름다운 추억을 그려다오
- 「수목원에 비가 내리면」 전문

「수목원에 비가 내리면」은 시인의 계절이 주로 봄에 쏠려 있음을 보여주는 방증이 될 작품이다. 시의 현재는 '가을' '수목원'이지만 시가 내다보는 계절은 「겨울나무」에서처럼 다가올 '봄'이다. 새잎을 맞으려면 지금 여기의 잎은 버려야 하는 것이 자연의 수칙이다. 물론 "무성했던 나뭇잎들이/가장 낮은 곳으로 와/겸허하게 눕는" 자연 현상의 일차적인 함의는 "지상에 솟아오르는 욕망을 잠재우"는 방하착放下着의 심리적 평정일 테다. 여기에는 하도 '무성'하여 좀처럼 자신을 놓아주지 않을 것 같던 끈질긴 욕심, 집착, 회한 따위가 낙엽과 함께 "땅속에 묻"힘으로써 내면의 고요 속으로 한 발짝 들어서게 되는 인생론적 메타포가 담겨 있다. 그러나 나는 "다시 봄을 맞이하면/더 많은 나무들을 풀들을/싱그럽게 할" 봄에 대한 시인의 상상을 더 눈여겨본다. 일몰이 또 다른 의미에서 일출의 예고임을 알듯이, 시인은 가을을 마주하면서도, 멀지만 그 너머에 봄이 기다리고 있음을 믿는다. 시인에게 가을은 경유해야 할 봄의 기착지이고 다가올 봄을 가리키는 이정표이다. 결국 시인의 관심은 경험되고 있는 가을에 있는 것이 아니라 앞으로 경험하게 될 봄에 가 있는 것이다. 그런 점에서 시인은 가을과 봄의 시간 모두를 살아가는 셈이 된다. 시인의 의식 속에서는 가을과 봄이 서로 다른 둘이 아니라는 말이다. 모든 계절은 순환하는 원 안의 한 지점일 뿐이기에 더욱 그렇다.

「수목원에 비가 내리면」은 계절의 주기성을 뼈대 삼고 자연 생명의 순환성을 살로 삼은 시간의식을 보여준다. 자연이든 계절이든 지금 이 자리에 고정되지 않고 순환하는 것임을 믿기에 아픔은 치유되고 손상은 회복될 수 있다는 확신이 생긴다. 이 믿음이 정서적 유연성을 강화하고 회복력을 높여주는 든든한 지지대가 된다. 봄과 여름을 지나온 이 가을 속에 "다시 봄을 맞이하"리라는, 아직 오지 않은 봄의 피가 돌고 있다. 이렇게 순환하는 시간에 대한 의식은 "내 가슴에/아름다운 추억을" 되살려내는 긍정의 선순환으로 이어진다. 이번 시집 어디에서도 부정적인 시어나 정서를 찾아보기 어려운 것은 그의 사유가 분비해내는 긍정의 밀도 덕분일 것이다. 긍정적 정서가 자아를 개방하고 그 개방에 의한 관계성의 확장이 나와 타인, 나와 사물들 사이를 사랑으로 소통시킨다. 그럴 때 사랑은 '묘약'이고 '마술'이다(「사랑은」). "상처를 아물게 하"고 "눈물을 꽃으로" 변화시키는 효능이 있다. 시인은 그러한 사랑의 힘을 믿는다. 사랑이 긍정을 잉태하고 생명의 회복을 촉진한다. 순환하는 시간과 맞물려 긍정의 바퀴가 돌아갈 때 사랑의 감각은 생기를 얻는다. 그리하여 "내 사랑이 떨고 있"(「숲의 비밀」)거나 "가슴이 따뜻해"(「봄빛」)지는 감각적 생동을 고백할 수 있게 되는 것이다. "지금도 꿈을 꾼다"(「산벚꽃」), "지금도 가슴 설레인다"(「기다림」), "지금도 그냥 가슴이 뛴다"(「편지」)

는 표현들도 심리적 봄을 경험하는 내적 정황에 대한 고백일 테다. 그에게 사랑의 감각이 생동하는 한 시인은 여전히 봄을 살고 있는 것이 되며 햇빛과 꽃잎과 바람과 더불어 한통속일 수밖에 없게 되는 것이다.

> 밤마다 당신에게
> 편지를 씁니다
> 큰곰자리 북극성 견우직녀
> 어느 쯤에 계실는지
> 어둠이 다가오면
> 그리움의 별이 됩니다
>
> 나는 오늘도
> 밤을 새워 편지를 씁니다
> 노오란 유채꽃
> 하얀 바람꽃
> 보라색 제비꽃
> 모두 모아
> 결 고운 햇살로 곱게 싸서
> 그대에게 보냅니다
>
> 집 앞에 빨간 우체통이
> 가득 찰 때까지
> 사랑의 꽃잎 편지입니다
> ―「별이 되어」 전문

봄의 자연 만물이 더불어 한통속이라는 의식은 부재하는 '당신'에게까지 전달된다. 비록 "당신은 홀연 하늘로 소풍 갔"(「이별」)

고 "달빛 속에 숨은 그대"(「몽환夢幻」)지만, 그래서 문득 "아주 먼 곳
에 있는"(「당신의 비」) 존재라는 거리감을 상기시키지만 그렇다고
주체의 감각이 미치지 못하는 광막의 어둠 속에 가려 있는 건 아
니다. 그대와의 거리는 "큰곰자리 북극성 견우직녀/어느 쯤"에
있는 별과의 거리이며, 그래서 비록 깜깜해도 뚜렷이 두 눈으로
마주할 수 있는 거리이며, 마침내 당신에게 보내는 편지가 가 닿
을 수 있는 거리이다. "노오란 유채꽃/하얀 바람꽃/보라색 제비
꽃"과 같은 지상의 꽃잎은 편지의 환유다. 롤랑 바르트의 말이
옳다면 환유적인 꽃잎은 "때로는 부재이며(비통함을 낳는), 때로는
현존이다(기쁨을 잉태하는)". 환유는 그대가 부재하기 때문에 발생
하면서도 그 환유로 인해 그대의 기쁜 현존을 맞이할 수 있게 된
다는 뜻이리라. 하여 지상과 별과의 사이, 나와 그대와의 거리는
멀지만 없는 것이 되기도 한다. "당신은 그렇게 먼 곳에서/해맑
은 미소로 다가"(「당신의 비」)온다는 것은 환유가 곧 부재이며 현존
일 수 있다는 롤랑 바르트의 역설을 그대로 보여준다.

  다시 동심원의 물살을 상상해 본다. 부재가 일으킨 파원은 이
제 동심원의 가장자리로 밀려나 있는 듯 없는 듯 또 다른 동심원
의 물살과 겹치며 흘러간다. 그 위로 "슬픔의 꽃잎/눈물의 꽃잎/
사랑의 꽃잎"(「편지」)이 한 잎 한 잎 모여 "사랑의 노래"로 퍼져 나
간다. 또 다른 시 「편지」에서처럼 "부드러운 말로/촉촉한 느낌으
로/음악으로/그림으로" 봄날의 풍경에 언어를 입힌다. 시인은
이제 새로운 동심원의 중심을 시의 언어로써 채우고 있다.

      어느 땐
      참 고운 옷을 입는다
      예쁜 목소리를 낸다

멋진 목청으로
노래를 부른다
다시 어느 때는
멋진 요리사가 된다
가수도 된다
화가도 된다

시가 그리는 마술이다

- 「나의 詩」 전문

 "시가 그리는 마술"이란 단순 속임수가 아니라 언어에 미적 변신을 일으키는 감수성일 테다. 그는 언어로써 '고운' 그림을 그리고 '예쁜' 노래를 부른다. 그의 언어는 다채로운 색채의 옷을 입고 아기자기한 소리의 화음을 낸다. 이 시집 전편에 흐르는 시각, 청각적 이미지들은 '햇살'과 같은 온도감각적 이미지와 섞이면서 김명수 시의 중요한 특징을 만들고 있는데, 위 작품 「나의 詩」는 그러한 자신의 시론으로 읽힐 만하다. 다소 투박할망정 시인에게 감각은 외부 세계로 나가는 자아의 관문이다. 대상을 감각적으로 수용함으로써 세상과 긴밀한 관계를 맺고 자신이 생생하게 살아 있음을 느낀다. 앞에서 말한, 동심원의 중심을 시의 언어로써 채우고 있다는 뜻을 다시 생명감각의 온전한 회복이라는 말로 부연해두고자 한다. 이제 그는 내면을 따뜻하게 덥혀주는 햇살과 봄의 꽃과 나뭇잎의 소리를 재료 삼아 생명감각에 원기를 북돋는 음식을 조리하는 "멋진 요리사"로 자리잡고 있다. 시가 시인의 삶에 날개를 돋게 하고, 꽃 피는 봄의 생동 속으로 날개를 펼쳐 날아갈 수 있게 되기를 응원한다.